함께 흐르는
시조와 그림

님

2022 년

김경우(金耕宇) 올림

시조사랑시인선 24

김경우 시조집

함께 흐르는 시조와 그림

열린출판

함께 흐르는
시조와 그림

1판 1쇄 발행 2022년 6월 30일

지은이 | 김 경 우
펴낸곳 | 열린출판
등록 | 제 307-2019-14호
주소 | 서울특별시 서대문구 통일로 48길 13, 201호
전화 | 02-6953-0442
팩스 | 02-6455-5795
전자우편 | open2019@daum.net
디자인 | SEED디자인
인쇄 | 삼양프로세스

ⓒ 김경우, 2022
ISBN 979-11-91201-26-0 03810

*책값은 뒤표지에 표시되어 있습니다.
*저자와 협의하여 인지를 생략합니다.

■ 작가의 글

  먼 산처럼 희미한 존재가 되어 간다는 나이에 시조계에 입문하였고 때때로 취미 삼아 유화油畵를 그려 왔기 때문에 이 둘을 함께 아우르는 시조화집時調畵集을 구상하게 되었습니다.
  세계 으뜸인 한글이 잉태한 우리 고유의 시조를 가까이 접하게 된 것은 참으로 보람 있는 일이었습니다. 숫자로 정형화定型化된 틀을 지키면서 정제된 언어로 구句와 절節을 연결시켜 매듭을 짓고 공감을 자아내는 우리 시조는 자연의 아름다움과 함께 우리의 정情과 흥興과 한恨을 풀어내는 멋진 선인들의 전통을 이어온 맥락이기도 합니다. 세종대왕의 뜻을 받들어 우리 시조는 누구나 알기 쉽고 널리 읽힐 수 있는 일류 문학 장르로 세계에 우뚝 서게 될 것이라 믿습니다.
  늙어서 배우는 것은 밤에 촛불을 켜는 것과 같다는 말에 용기를 내었지만 미숙한 면은 계속 다듬어 가겠습니다.
  그 동안 시조 시인으로 등단하도록 도와주신 이석규 박사님, 김달호 박사님, 시조 창작법을 가르쳐 주신 김흥열 명예이사장님께 감사를 드리며 본인과 같이 일하는 선인장학재단의 이상범 사무국장께서 자료정리 및 모든 절차에 수고를 도맡아 주셨음에 깊이 감사를 표합니다.

아름다운 동행

■ 서평

시조집 『함께 흐르는 시조와 그림』에 부쳐

김흥열(한국시조협회 명예 이사장)

 먼저 해암海巖 선생님의 첫 시조집 『함께 흐르는 시조와 그림』 상재를 축하드립니다.
 선생님은 오랜 세월 공직생활을 해 오신 분으로 우리나라가 한강의 기적을 일으키기까지 그 일익을 담당해 오시기도 했지만, 감수성感受性과 미적美的 감각이 남달라서 퇴직 후에는 시조도 짓고 그림도 그리면서 어려운 청소년을 위한 후원 사업에도 적극적으로 참여하고 계시다.
 후배가 서문을 쓴다는 자체가 선뜻 나서기 어려운 일이지만 평소 따르고 싶은 마음이 더 앞서 있어서 한마디라도 저의 흔적을 남기는 일이 더 큰 기쁨이라 졸필拙筆을 더하기로 마음을 먹었다. 그러나 한편, 혹시 선생님께 누가 되지 않을까 하여 심적 부담이 없는 것도 아니다.
 선생님의 작품을 첫 대면한 느낌은 작품 하나하나가 맑고 고와서 바람을 타고 노는 풍경 소리거나 아니면 풀잎에 달린 새벽이슬의 속삭임 같아, 속세의 때가 묻은 필부匹夫가 감히 범접犯接하기는 매우 두려운 일이 아닐 수 없다. 작품은 하나같이 아침 햇살에 반짝이는 이슬처럼 순수 그 자체이다. 정제된 순금처럼 잡티가 없는 동심童心을 마주하는 기분이고 서정을 위주로 한 순수문학의 진수眞髓를 보는 듯하다. 작품은 그 사람의 마음이 겉으로 튀쳐나온 작가의 참모습이다. 따라서 작품은 작가의 몸짓이며 행복한 노래이다. 반짝이는 이슬과 정을 나누는 것도, 기어가는 개미와 얘기를 하는 것도, 심지어 발에 차이는 돌멩이와 마음을 나누는 것도 모두 작가의 몸짓으로 나타난 결과물이다. 시인은 '허블' 망원경으로도 볼 수 없는 우주 공간을 샅샅이 다 뒤져 향기 짙은 꽃송이를 찾아낼 수도 있고 우주인의 말을 배우지 않고서도 통역사 없이 즉시 대화가 가능한 능력의 소유자이기도 하다. 이와 같은 메타인지는 상상력과 창의력이 발달한 사람이 갖고 있는 능력으로, 언어의 감수성이 발달한 사람일수록 이 메타인지가 뛰어나서 언어를 고도화시킬 수 있다고 하는데 아마도 해암海巖 선생님이 이에 해당하는 분이라는 생각에 조금도 의심의 여지가 없다.

  시대의 변천과 더불어 작품을 짓는 데 어떤 흐름이 있기 마련이다. 말하자면 그 시대의 사상적 유행이라는 문학사조文學思潮가 한 시대를 지배하기 마련이고, 작가들은 이 흐름에 발맞추려고 부단한 노력을 한다. 이런 사상은 그 시대를 살아가는 문학인으로서 뒤처지지 않으려는 욕구에서 비롯된다고 할 수 있다. 그러나 이와는 관계없이 자연 그대로의 모습대로, 또는 서정성만을 강조하여 일상생활 속에서 보고 느낀 바를 감미롭게 쓰는 시인도 많거니와 언어 예술적 가치로 보더라도 골계미滑稽美의 작품보다 한 수 위라고 할 수 있다.

이분들은 유행이라는 바람을 타지 않는 시인들로 독자로부터 많은 사랑을 받는다. 해암 선생님 역시 이런 자연주의 사상의 소유자가 아닐까 하는 생각을 해본다.

우리는 왜 시조를 지으려 하는가?

'시조'를 지으려는 욕구는 시인 각자가 추구하는 미적 가치美的價値 등 여러 이유가 있겠으나 그 첫 번째는 작가의 마음이 몸짓으로 나타나는 어깨춤 때문일 것이다. 이어령 박사가 '문화'를 몸짓이 지니는 기호라고 했듯이 '시조'는 조상들의 몸짓(기호)을 배우는 과정이다. 그런데 이 과정은 자연스럽지만 일정한 질서가 요구되는 특성을 가지고 있다.

바람 불면 나뭇가지가 흔들리듯이 인간의 본성은 희로애락에 따라 다른 모습으로 나타난다. 해암 선생님의 작품은 꾸밈이 없는 자연 그대로의 모습이다. 어린아이의 천진난만한 미소가 있고, 윙윙거리는 벌과 나풀대는 나비가 있고, 바람 소리와 물소리가 녹아 있다. 책갈피 하나를 넘길 때마다 시인의 고운 미소가 독자를 기다리고 있다. 그러면 이처럼 순수하고 아름다운 글의 원천은 어디에서 나오는 것일까?

　필자의 서툰 평이 오히려 옥玉에 티를 묻히는 결과를 초래하지는 않을까 하는 걱정을 밀쳐두고 작품 몇 편을 골라 해암海巖 선생님이 사유하는 정신세계를 산책하면서 시인을 만나 보려고 한다.

　　　꿈꾸는 소년들아 연을 타고 비상해라
　　　끝없이 올라올라 솔개에게 소리쳐라
　　　노 젓는 흰 돛단배 타고 은하수를 건너자고.
　　　　　　　　　　　　「바람 부는 날」 전문

　소년들의 가슴에 꽉 차 있는 것은 미래를 유영하며 만나는 온갖 꿈들이다. 이들이 가지고 있는 꿈은 인류에게 행복을 주는 꽃이다. 인류의 소중한 재산이다.
　'연鳶'은 거센 바람에 맞서 창공을 비상하는 용기를 가지고 있다. 솔개를 만나면 소리치고 결국은 은하수에 다다르게 된다. 은하수는 미지의 세계지만 소년의 꿈은 길을 만들고 이 꿈은 현실 속에 실제 모습으로 나타난다. 지금 '연'이라는 하나의 사물이 바람을 타고 하늘로 오르는 것이 아니라 미지의 세계를 오르려는 소년들의 마음이, 용기가 올라가고 있는 것이다. 이 꿈(마음)은 미래의 현실이다. 화자는 독자에게 「바람 부는 날」의 작품을 통하여 독자가 머물고 있는 '지금'이라는 현실 속에서 미래를 앞당겨 보여주고 있다.

작품은 정형시조가 지켜야 할 문화적 유전 인자, 즉 각 장章의 독립성, 연결성, 완결성을 모두 갖춘 작품으로 메시지 또한 분명히 나타나 있다. 장과 장을 도치한 문장으로 시조의 외적 내적인 형식에서 조금도 벗어나지 않는 우아미優雅美와 균제미均齊美가 돋보여서 더욱 아름답다.

> 한 송이 아가 꽃이 아장아장 걸어간다
> 머리엔 노랑댕기, 하얀 옷에 빨강 구두
> 나비도 훨훨 반긴다, 봄볕이 된 엄마 눈길.
> 　　　　　　　　「봄나들이 / 아가와 엄마」 전문

"아가와 엄마"라는 부제가 말하듯이 아기를 바라보는 엄마의 마음이 보이는 작품이다. 마치 동시나 동요처럼 순박하고 꾸밈이 없다. 화자의 마음은 곧 '아기'가 되고, '꽃'이 되고 한 마리의 '나비'가 된다. 티끌 하나 묻지 않은 순수 그 자체를 보는 것 같다. 세상에서 가장 아름다운 모습은 '모나리자의 미소'가 아니라 사랑하는 '아기'

를 바라보는 엄마의 그윽한 눈빛일 것이다. 이 미소엔 어떤 먼지도, 어떤 욕심도 묻어 있지 않은 아름다움으로, 순수라는 재료만 가지고 그린 가장 값진 그림이다. 그 눈빛이 얼마나 따뜻했으면 "봄볕이 된다."라고 표현을 했을까. 거룩함까지 느껴지는 눈길이다.

겉은 거칠고 딱딱하게 늙어가지만 속(마음)은 아기의 피부처럼 보드랍고 탄력적이다. 사상도, 철학도, 충성도, 법도, 욕심도, 명예도 필요 없는 '사랑'만이 존재하는 아름다운 세상을 엄마의 눈길에서 발견한다. 모정의 숭고함과 말마디에서 풍기는 순결미, 천진성天眞性이 잘 드러난 작품이다.

> 바닷가 모래밭에 모래성을 쌓은 소녀
> 왕자님 모실 방을 정성스레 꾸몄더니
> 불청객 게 한 마리가 제집인 양 차지했네.
> 　　　　　　　　　　　「소녀와 모래성」 전문

세상을 살다 보면 누구나 생각지도 않은 일을 한 번쯤은 만날 수 있다. 불청객 '게'는 아마 왕자(용왕의 아들)가 보낸 사신使臣일지도 모른다. 필자는 이 작품을 감상하면서 어릴 적의 추억을 소환하였다. 갖가지 향수가 잠시나마 나를 동심으로 끌고 가서 진흙이 잔뜩 묻은 먼 얘기들을 눈앞에 펼쳐 보였다.

화자는 지금 이 글을 통하여 독자에게 무슨 말을 하고 싶은 것일까? 우리 삶이란 모래성과 같은 것인지도 모른다. 순수한 어린이의 노는 모습에서 우리가 발견해 내는 것은 순수이다. 탐욕이 가득한 어른은 절대로 이 세상을 아름답게 만들지 못한다.

　　꼬까옷 차려입고 담벼락에 기대서서
　　밤마다 꿈에 그린 꽃신발이 눈에 어려
　　온종일 마을 어귀로 아빠 얼굴 찾는다.

　　내일은 동네 애들 꽃신 보고 놀라겠지
　　술 취해 다 털린 줄 반달만은 알고 있네
　　한 방울 앵두알 눈물이 헌 신발에 떨어진다.
　　　　　　　　　　　　「아빠의 슬픈 약속」 전문

시조는 비유를 먹고 사는 언어예술이다. 그런데 이 비유라는 자재는 상상력이 만든 산물이다. 상상력 없는 작품은 무미건조하다. 시詩도 마찬가지겠지만 특히 시조에서는 이 상상력은 필수 요소이다. 꿈에라도 한번 신어보고 싶은 꽃신, 오늘은 아빠가 장[市場]에서 돌아오면서 꽃신을 사서 올 것이고, 그 신을 신고 마냥 뽐내고 싶은 동심은, 가난하던 시절을 건너온 어른이면 한 번쯤은 가지고 있을 법한 추억이다.

그런데 아빠가 약속한 꽃신은 막걸리가 마셔 버렸다. 앵두 같은 눈물방울이 아니라 조그만 냇물을 이루었으리란 생각에서 그 상황전개가 눈앞에 실물처럼 그려진다. 독자가 그리는 이런 그림은 이심전심으로 독자의 마음에 감동을 주게 되고 마음을 얻게 된다. 독자의 마음을 얻지 못하면 아무리 좋은 작품 평을 받는다 해도, 예술적 가치가 있다 해도 실패한 작품이라고 말하고 싶다. 이 작품은 두 수의 연시조로 어느 수 하나만 보더라도 완벽한 시조의 정체성을 유지하고 있으며 연시조의 조건에 전혀 어긋남 없이 잘 지킨 전형적인 작품이다. 즉 외적인 형식과 내적인 문장의 짜임새가 잘 된 작품이다.

선생님의 작품은 한마디로 서정의 미학이다. 등단 이력이 오래된 것은 아니면서도 이처럼 온유하고 소박하며 향기 가득한 작품을 생산할 수 있는 것은 아마도 글재간이 남다르기 때문일 것이다. 아니면 마음의 곳간이 순수純粹로 가득 차 있어 어느 때고 맘만 먹으면 꺼내 쓸 수 있는 커다란 창고 몇 개를 가슴속에 담아서 사시는 것 같다는 생각이 든다.

특히 요즘처럼 숨 막히는 코로나 시대에는 많은 이들이 이 아름다운 작품을 읽고 감상하면서 그동안 받은 고통을 말끔히 치유 받고 갈피갈피 배어 있는 행복을 무상으로 듬뿍듬뿍 받아가기를 소망한다.

이번에 상재된 시조집 『함께 흐르는 시조와 그림』은 독자에게 많은 희망과 기쁨을 주는 메신저Messenger가 될 것이라는 확신을 하면서 다시 한번 축하드린다.
늘 건강과 행복이 함께하시기를 기원드린다.

1. 시조란 무엇인가?

   시조時調는 고려 후기에 생겨난 우리 민족의 독창적이고 고유한 시문화詩文化이다.
   시조는 3행으로 지으며 첫 줄을 초장, 둘째 줄을 중장, 셋째 줄을 종장이라 하며 도식화하면 다음과 같다.

   제목 : 성불사의 밤 / 이은상

초장: <u>성불사 깊은 밤에</u> / <u>그윽한 풍경소리</u>(음수: 3.4 / 3.4)
      <u>소절</u>   <u>소절</u>   <u>소절</u>   <u>소절</u>
         구(句)   구(句)
                장(章)

중장: <u>주승은 잠이 들고</u> / <u>객이 홀로 듣는구나</u>(음수: 3.4 / 4.4)
      <u>소절</u>   <u>소절</u>   <u>소절</u>   <u>소절</u>
         구(句)   구(句)
                장(章)

종장: <u>저 손아 마저 잠들어 혼자 울게 하여라</u>(음수: 3.5/4.3)
      <u>소절</u>   <u>소절</u>   <u>소절</u>   <u>소절</u>
         구(句)   구(句)
                장(章)

- 하나는 2개의 구(句)로, 구 하나는 2개의 소절小節로 이루어지며 장이 셋, 구가 여섯, 소절이 12로 이루어짐.
- 시조는 반드시 글자 수(음수)를 지켜야 하며 ± 1 의 여유를 두고 있음
- 시조는 외적, 내적 형식이 있으며 외적 형식은 운율을 만들어 내고, 내적 형식은 문장 의미와 자각의 사상 철학이 들어가는 것이 원칙임.

2. 시조 짓는 요령

(1) 시조의 외적 형식

① 음절 수(글자 수)
   초장 : 3,4 / 4,4
   중장 : 3,4 / 4,4
   종장 : 3,6 / 4,3   * 빗금(/) 표시는 구(句)를 나타냄
② 종장 첫 소절(마디) 3자는 독립적 어휘로 고정된다.
③ 종장 첫 소절을 제외한 다른 소절의 음수는 ± 1 (가감)이 가능하다.
④ 종장 둘째 소절은 5~7자를 허용한다.(고시조의 약 93%)
⑤ 총 음수는 45자 내외(43-47자 주류를 이룸)이다.

⑥ 소절 수는 12소절(의미가 발생하는 작은 단위)이다.
⑦ 하나의 구는 두 소절로 되어 있다.
⑧ 장(章)은 두 개의 구, 전구前句와 후구後句로 만들어진 의미의 완결 단위이다.
⑨ 평시조 한 편은 3장으로 이루어진다.
　* 시조는 장章, 시는 행行이라 부름.
⑩ 단시조는 수首 또는 편篇이라 한다
⑪ 연시조는 "聯時調"가 아니라 "連時調"라 한다.
⑫ 행갈이는 장별章別로 하는 것이 원칙이나 구句 단위로 묶을 수 있다.
⑬ 연시조의 경우 수와 수에서는 한 줄을 더 띈다.

* 시조 한 편은 3장 6구 12소절로 이루어진다. 총 음수 44자 ± 2 가능함.

(2) 시조의 내적 짜임새

① 소절(小節), 구(句)는 의미 단위로 만들어진다.
② 각 장(章)은 독립성, 연결성, 완결성을 유지한다.
③ 각 소절, 구의 말미는 조사나 연결어미로 연결성을 유지한다.
④ 종장 첫 소절 3자는 독립적 의미를 지녀야 한다.

⑤ 종장 말미는 현재형 종결어미로 마감해야 한다.
⑥ 초장, 중장 후구의 말미를 관형어로 마감하지 않는다.
⑦ 제목을 달아야 한다.

* 2021년 문학진흥법의 개정으로 '시조'가 독립적 장르로서 위상이 정립되었습니다.
* 서양의 '소네트', 중국의 '절구·율시', 일본의 '하이쿠' 등이 정형시로서 이미 유네스코에 세계문화유산으로 등재되어 있으나 세계 으뜸 문자인 한글이 탄생시킨 '시조'는 늦었지만 이제 등재를 위한 노력을 기울이는 중입니다.

■ 차례

작가의 말 __ 3
서문: 시조집『함께 흐르는 시조와 그림』에 부쳐 /
    김흥열 __ 4

가버린 유월六月 __ 25
가을 마당 __ 26
가신 님 오시려나 __ 27
같이 걷던 길 __ 28
개구리 합창 __ 29
가을 열매 __ 30
걱정은 쌓이는데 __ 31
걸음마 __ 32
겨울 솔잎 __ 33
겨울잠 __ 34
고개 너머 __ 35
고락 __ 36
고양이도 식구 __ 37
겨울 정경 __ 38
고추잠자리 __ 39
귀불귀歸不歸 __ 40
그대와 술잔을 __ 41
그때와 지금 __ 42
그리운 엄마별 __ 43

그림자__44
기다리다__45
길 따라 구름 따라__46
깊은 산골__47
꽃에 물을 주면__48
꽃을 보며__49
꽃잎 하나__50
나 홀로 유유히__51
농부와 황소__52
날아간 나비__53
노래와 그림__54
누가 더 슬플까__55
눈 내리던 시골집__56
눈꽃__57
눈사람이 되어__58
동암東菴에서__59
늙은 바위__60
달 아래 물소리__61
달리는 단풍__62
마련된 여정__63
등대__64
말 없는 철모__65
매미가 운다__66

목련 그늘에서__67
바다로 달리는 폭포__68
무얼 입나__69
바다__70
바람 부는 날__71
발자욱 소리__72
밤새 내린 눈__73
방파제__74
변신__75
보름달아__76
복된 길__77
봄나들이 __78
봄비가 밤에 내려__79
봄날에__80
빗소리와 파초 소리__81
빨간 장미__82
사계절 인생__83
사계절과 세월__84
사랑과 미움__85
산과 바다는 부른다__86
산 아래 숲이 되어__87
삶의 무게__88
생生과 사死__89
삼월三月의 봄비__90

새벽 산행__91
성탄절__92
소낙비와 연인__93
손녀와 할아버지__94
손자__95
솔개와 바람__96
십일월__97
아빠의 슬픈 약속__98
소녀와 모래성__99
안동을 찾아__100
아! 우리시조__101
어느 이른 봄날__102
어디로 가나__103
엄마의 기쁨__104
여름 과일__105
여름 피서__106
열매를 위해__107
옛 노래__108
연말연시 인사장__109
옛날 그 골목__110
영혼 속의 사랑__111
오면은 가는 것을__112
외딴섬__113
우리의 존재__114

우물가 생명의 말씀__115
우산 없이 걷던 날__116
위대한 슬픈 사랑__117
이른 봄날__118
인생의 길목에서__119
이월二月__120
자화상__121
잠 못 이루는 밤__122
장소가 중요하다__123
젖은 별빛__124
제비__125
주름살__126
지구촌을 살리자__127
지는 해 뜨는 별__128
책 안에 단풍잎__129
청산 바닷가 친구 무덤__130
추억은 추억으로__131
코로나 단상短想__132
코로나 비가悲歌__133
코스모스 피고 지고__134
풀벌레 소리__135
팔려 가는 어린 딸__136
풍경을 그리다가__137
하늘과 땅__138

하루를 재던 아빠__139
하루살이__140
해변에 버려진 배__141
해님 찾는 달__142
해변의 달과 연인__143
해변의 의자__144
허수아비__145
호수에 뜨는 달__146
흐르는 사계절__147
흙을 잃은 사람들__148

영역시조 작품 소개

정몽주: 이 몸이 죽고 죽어 / Though I Die, and Die Again__149
최남선: 혼자 앉아서 / Sitting Alone__150
이석규: 시인의 길 / The Path of the Poet __151
김경우: 농부와 황소 / The Farmer and the Bull__152

평설: 김경우 시조의 시 세계 / 이석규__153

가버린 유월六月

봄날이 떠나간 줄 선잠 깨어 느꼈을 땐
달력은 어느 틈에 멀찌감치 앞장서서
먼 하늘 천둥소리로 빠른 세월 알린다.

풋풋한 보리 향기 논길 따라 숨어있고
장미꽃 홀 눈부신 아득한 언덕 넘어
만난 듯 가버리고 만 바람 같은 유월아.

가을 마당

벼 타작 논 모퉁이 낙엽 타는 연기 일고
부뚜막 호박찌개 감나무가 맛을 본다
풀벌레 국향에 취해 섬돌 무대 오르네.

가신 님 오시려나

눈 덮인 강 마을을 손 흔들며 떠나간 님
강나루 언덕길은 아련하여 잠 못 들고
긴 바람 무슨 사연 싣고 사립문을 두드리나.

같이 걷던 길

손자가 할머니를 밀고 가던 놀이터 길
할머닌 손자 잡고 끌고 가던 유치원 길
이제는 학생 혼자서 그리움을 밟고 간다.

개구리 합창

연못가 개구리들 노래공연 요란하다
목소리 우렁차게 뽐내보잔 시합일까
봄기운 서로 받으라고 격려하는 응원가다.

가을 열매

햇살이 비와 함께 애써 빚은 황금열매
풍성한 잔칫상이 송별연도 되는구나
바람도 우는 잎 날리며 이별가를 부른다.

걱정은 쌓이는데

무거운 근심 걱정 그 누구와 얘기하나
사람은 많은데도 그 누가 귀 기울일까
황혼 녘 긴긴 바람만 갈대숲을 울린다.

걸음마

엄마가 손을 잡고 걸음마 가르친다
손 놓자 넘어질듯 엉거주춤 뒤뚱데뚱
손뼉과 웃는 소리에 얼떨결에 걷는다.

수없이 넘어지다 지구를 걷는다
긴 호흡 먼 눈길로 가야 할 곳 찾으리니
누구와 같이 가느냐는 신神이여 돌보소서.

겨울 솔잎

찬바람 씽씽 불어 나무 끝에 잉잉대도
청청한 청솔잎은 갈고 닦인 바늘 되어
칼바람 조용조용히 고개 숙여 비껴간다.

겨울잠
― 곰

바위틈 땅굴 파서 덤불 위에 웅크리니
눈보라 세찬 바람 감미로운 자장갈세
눈 녹는 개울물 소리에 어질어질 실눈 뜬다.

고개 너머

오늘도 누구인지 고개 너머 사라진다
어미 소 팔려가고 어린 처녀 울며 가고
양손에 봇짐 진 아낙네, 왜 자꾸 돌아보나.

수많은 사연들이 고개 위에 서려 있다
꽃상여 긴 곡성에 외기러기 높이 난다
풀피리 어디 메인고 구름 한 점 흐른다.

고락

흐르는 세월 따라 즐겁게만 살렸더니
고통이 시샘하여 줄기차게 따라오네
고락이 서로 한 쌍임을 살아보니 알겠구나.

고양이도 식구

나비가 재롱떨어 온 식구가 다 웃는다
누군가 외출하면 서운타고 문을 긁고
추울 때 난로가 되는 가족 대우 야옹이.

호랑이 기상 닮아 번개 발톱 재빨라도
겁날 땐 꼬리 빼고 어느 틈에 사라진다
좋을 땐 그렁그렁 달라붙는 귀염둥이.

겨울 정경

하얀 눈 꽁꽁 얼어 칼바람도 미끄러지고
해님도 구름 덮고 달달달 떠시는 듯
애들은 썰매와 한 몸 되어 얼음 깨며 깔깔깔.

고추잠자리

벌겋게 여름 볕에 달구어진 몸뚱이가
빨갛게 노을빛에 불타듯이 물들더니
가을볕 산들바람 타고 춤추면서 사라졌네.

귀불귀 歸不歸

왔으면 가는 거고 갔다 하면 오는 것
만사는 도는데도 가면 끝이 인생이지
맺었던 숱한 인연들이 사진 속에 울먹인다.

그대와 술잔을

꽃 술잔 마주치며 세상만사 잊어보세
지난날 그리워라 우리는 모두 영웅
추억이 따라주는 잔 새벽별이 세고 있네.

그때와 지금

오래전 읽었던 책 눈에 띄어 다시 본다
갈피엔 밑줄 치고 고뇌하며 씨름했네
왜인지 도통 깜깜하다, 전혀 다른 나였나.

그리운 엄마별

자장가 바람결에 나지막이 젖어들고
새들은 나래 접고 잠잘 자리 다툼하네
밤하늘 엄마별 찾아 눈물 쏟고 안길 거야.

그림자

평생을 소리 없이 붙어 다닌 나 아닌 나
빛 따라 나타나는 흔적 없는 자화상
어느 날 같이 사라지면 어느 누가 실체일까.

하나가 춤을 추면 또 하나도 따라 웃고
하나가 슬퍼하면 또 하나도 따라 우니
하늘에 부끄럽잖기를 서로 보며 다짐한다.

기다리다

인생은 유한하고 할 일은 많은데도
멍청히 기다리다 잃는 시간 그 얼말까
헛되이 가슴 졸이며 풀리기를, 만나기를…

길 따라 구름 따라

오솔길 물 흐르듯 자꾸자꾸 따라가면
바닷가 절벽일까, 첩첩산중 샘터일까
그곳에 오두막 짓고 하늘 보며 살고파라.

흰 구름 놀자 하면 참새 함께 시를 읊고
먹구름 심술 나면 문을 닫고 책을 본다
남촌에 꽃소식 뜨면 노을 타고 떠나리.

깊은 산골

산골짝 깊고 깊어 나무 덩쿨 우거진 곳
햇빛도 외면하고 달빛마저 움츠린 곳
때때로 돌개바람이 휘파람을 불어댄다.

산새들 잠꼬대 계곡물에 살 얹히고
고달픈 들짐승들 까무룩 잠든 사이
풀꽃은 등불을 켜고 조심조심 고개 든다.

세상사 멀고 멀어 오고 가는 발길 없고
은밀한 적막 속에 두려움이 깔려도
나는야 지팡이 끌고 숨은 비밀 읽는다.

꽃에 물을 주면

누군지 꽃을 볼 때 생각나면 사랑이다
가만히 물을 주니 환호하는 꽃잎들
꽃 걸고 다짐한 그 날을 기억하는 참새들.

꽃을 보며

내년이 나의 해가 아닐 수도 있을 텐데
만개한 꽃을 보니 눈이 부셔 서럽군요
꽃들도 내가 안 보이면 이렇게 슬플까요.

꽃잎 하나

세월을 달래 봐도 육신은 낡아가나
추억은 그때 그대로 심연에 고여 있다
꽃잎이 호수를 때리면 먼 옛날이 낚인다.

나 홀로 유유히

큰 바다 어디엔가 돌고래가 재롱떨고
먼 하늘 구름 끝엔 기러기 떼 소풍 가네
유유히 동산에 올라 천지간을 보노라.

• 필리핀 마닐라 한인학교 기증 전시작

농부와 황소

황소야 같이 가자 뚜벅뚜벅 논길 따라
고달픈 내 마음을 말이 없는 너는 알지
벼 이삭 익어 가누나 풍년가를 부르자.

날아간 나비

봄 나비 반가워도 내숭 떠는 꽃잎들
속내를 감추면서 살랑살랑 수다 떨다
훨훨훨 그냥 가시니 꽃밭 들고 울먹인다.

노래와 그림

노래는 귀로 듣는 하늘나라 멜로디
그림은 눈이 담는 삼라만상 고운 형용
눈 귀는 촉수가 되어 흥과 정을 부른다.

누가 더 슬플까

창밖에 우는 새야 어찌 그리 서러운고
회벽에 갇혀 사는 나를 보니 슬프다네
문 열자 푸른 산속으로 포르르 날아간다.

눈 내리던 시골집

눈 속은 누나 마음 차가운 듯 따뜻하고
동구 밖 진눈길은 가까운 듯 아득하다
등불이 켜질 때쯤에는 어디선가 웃는 소리.

눈 덮인 시골 밤은 고요하고 정겨워라
창밖을 내다보며 지난날을 더듬으면
스며든 문풍지 바람이 군고구마 탐낸다.

· 2018년 서울아트쇼 개인전 출품작

눈꽃

나무에 눈이 쌓여 만개한 눈꽃 송이
햇살이 두려워서 오들오들 떨고 있다
햇볕이 밝아올수록 눈물지며 시드는 꽃.

눈사람이 되어

흰 눈이 펑펑 내려 살금살금 끌려가면
들길로 산길로 눈발 속을 걸어가면
부서진 조각난 미련이 뺨을 타고 흐른다.

하아얀 혼과 혼이 부딪히는 향연 속에
일제히 합창하는 소리 없는 신비 속에
나 홀로 눈사람 되어 손님으로 서 있다.

동암東菴에서

스님이 정진하는 암자를 점령하여
세속에 젖는 객기 하룻밤을 파계한다
술잔이 돌고 다시 도니 낙원이 바로 예다.

산바람 칭얼대는 창문 밖엔 만년 바위
세파에 지친 눈은 산山달 보니 경이롭고
시름을 서로 잊으니 이 또한 기쁨이다.

어차피 사는 일이 한 방울 눈물인데
살짜기 뜰에 서니 먼 곳에서 밤이 운다
일생이 오늘 하루 같고 오늘이 평생 같기를.

•2018년 서울아트쇼 김경우 개인전 출품작

늙은 바위

바위는 애초부터 그 자리에 있었다
제 무게 버거워서 스스로 주름 짓고
세월을 못 본척하며 침묵으로 맞선다.

바위는 탄생부터 벌거벗고 있었다
아무런 돌봄 없이 맨몸으로 버티면서
발 빠른 다람쥐 한 마리 맥박을 재고 간다.

달 아래 물소리

흐르는 계곡물에 달과 별은 흔들리고
밤새는 울어 울어 물소리도 목이 쉰다
한밤에 그냥 나선 객이 가야 하나 달을 본다.

달리는 단풍

단풍이 내려온다, 높은 데서 낮은 데로
홍록이 달려온다, 북녘에서 남녘으로
산불이 바람 타듯이 만산을 불태우며.

마련된 여정

세상에 태어나면 울음으로 신고한다
떠날 땐 가족들이 눈물 흘려 배웅한다
저세상 깜깜 행선지여, 서로 웃는 장(場)이어라.

등대
— 조난선을 찾는

오늘도 어김없이 홀 맞서는 거센 파도
졸린 눈 부릅뜨며 움켜쥔 등불 하나
어둠이 삼키는 절규, 그 환청에 목멘다.

말 없는 철모

조국을 품에 안고 꽃잎으로 떨어졌다
그리운 엄마 얼굴 구름 속에 어리고
수줍은 어린 아내는 갈대풀에 울먹인다.

산바람 자주 찾고 달과 별이 머무는 곳
아내여, 우리 애기 곱게 안고 찾아와요
철쭉꽃 산기슭에서 한없이 울어요.

매미가 운다

땅속에 오랫동안 굶주리며 견디다가
한 맺힌 목청으로 밝은 해를 삼키면서
청정한 이슬을 마시며 지난날을 삭인다.

숨어서 인내해온 모진 세월 길었는데
앞으로 살 날들이 손꼽아서 며칠이랴
청빈한 삶의 외침이 하늘가에 사무친다.

목련 그늘에서

춘삼월 이른 봄꽃 알록달록 뽐내더니
목련꽃 맑은 숨결 하얗게 만발했네
연인은 말 없는 말을 흰 그늘에 가둔다.

바다로 달리는 폭포

졸졸졸 물이 모여 유유히 흘러간다
아차차 헛디뎠나 공중에서 솟구치니
물보라 굉음을 내며 천지를 가른다.

물살이 절벽에서 거침없이 투신한다
아찔한 낙하수는 아픈 충격 덮으면서
바다에 와락 안기려 지름길로 치닫는다.

무얼 입나

아내가 사주는 옷 계절 따라 맵시 있고
외딸이 사주는 옷 언제 봐도 정답다
미소가 예쁘게 매달린 멋진 옷을 꺼낸다.

바다

구름이 다투다가 눈물 흘러 내린 비와
땅에서 솟는 물길 모두모두 합쳤다
모이고 한데 고여서 한 몸 한뜻 이루었다.

낮은 곳 찾다 보니 갈등 불만 없을쏜가
모래밭 달래다가 바람 탈 땐 거칠어도
달뜨는 교교한 밤엔 인어노래 품는다.

새벽에 물새들이 어부사를 불러대면
희망은 햇살 타고 은빛으로 생동하니
오늘도 하늘땅 가르며 수평선을 긋는다.

바람 부는 날

꿈꾸는 소년들아 연을 타고 비상해라
끝없이 올라올라 솔개에게 소리쳐라
노 젓는 흰 돛배 타고 은하수를 건너자고.

발자욱 소리

식구다, 바둑이는 꼬리 몸통 뱅뱅 꼰다
아빠다, 달려가서 지친 황소 부축한다
엄마다, 장바구니엔 가족사랑 가득하다.

밤새 내린 눈

새벽에 창을 여니 흰 구름이 내려앉아
까치가 총총 뛰며 마음 놓고 낙서하고
참새는 통통거리며 찍힌 글자 읽는다.

적막이 다져 놓은 티끌 없는 하얀 숨결
산과 들, 숲과 마을, 모두모두 은빛 축제
꿈꾸던 설국의 창이다, 소리 없는 감격이다.

방파제

등대 밑 방파제서 숨 고르는 선박들
파도에 놀란 마음 스멀스멀 가라앉고
섬 아씨 부르는 노래에 물새 꿈이 퍼득인다.

이제는 나갈 거다, 망망대해 헤치면서
터지는 엔진 소리 물거품을 가르면서
머나먼 수평선 넘어 내 님을 안을 거다.

변신

이슬비 추적추적 황톳길에 젖어들어
가녀린 물줄기로 침수되어 사라져도
먼 훗날 태풍 앞세우고 폭우 되어 흔든다.

보름달아

두둥실 높이 떠서 밝게 웃는 보름달아
이 세상 산천초목 두루두루 다독이고
틈새로 살짝 들어와 우는 아기 달래주오.

복된 길

눈과 귀 끊임없이 욕망을 부추기고
검약을 다짐해도 한순간에 무너지니
사랑이 베풂을 품고 참된 길로 인도한다.

봄나들이
— 아가와 엄마

한 송이 아가 꽃이 아장아장 걸어간다
머리엔 노랑 댕기, 하얀 옷에 빨강 구두
나비도 훨훨 반긴다, 봄볕이 된 엄마 눈길.

봄비가 밤에 내려

봄비에 실려 오는 먼 숲속의 풀잎 연가
창밖엔 일렁이는 밀어들의 속삭임
오실 듯 그냥 가실까 귀 기울다 잠든 밤.

•2017년 서울아트쇼 개인전 출품작

봄날에

북풍이 가지 끝에 매달리다 물러가니
초원엔 풀 잔디가 환호하는 봄날 축제
또다시 머문 듯 가버리는 꽃 행렬이 애달프다.

빗소리와 파초 소리

불 꺼진 창문밖에 파초잎 웃자라서
여름밤 장대비 난데없이 쏟아질 때
꿈결에 고향별 흔드는 속 시원한 이중창.

빨간 장미

노을빛 담장 아래 붉게 타는 장미 송이
아미蛾眉를 숙이면서 다가오라 눈짓하네
어쩐다, 돌아서려니 토라질까 두렵다.

사계절 인생

꽃망울 설레는 꿈 끌어안는 뭉게구름
하늘 끝 오르려고 애태우다 서리 맞고
북풍에 떠도는 낙엽 되자 들려오는 종소리.

사계절과 세월

이른 봄 산과 들에 자리다툼 꽃이 피고
한여름 비구름은 논과 밭에 물을 대니
생명은 흙에 뿌리 뻗어 해를 먹고 익는다.

늦가을 추수 걷자 들판에 바람 일고
겨울밤 솜눈 내려 얼은 땅을 덮어주니
계절은 시작과 끝을 맺고 나이테만 감긴다.

사랑과 미움

이해利害가 어긋나면 친타가도 원수 되고
연줄이 안 맞으면 좋다가도 악연 된다
미운 건 나쁜 행위라지만 사람도 미워진다.

사랑과 미움은 감정인가 의지인가
생각과 행동 사이 갈림길에 정情이 우니
세상사 미로를 헤매다 스러지는 새벽 별.

산과 바다는 부른다

먼 산이 보고 싶고 바다가 그리운 건
그들이 끊임없이 손짓하기 때문이다
높 낮게 홀 비껴있으니 얼마나 외로울까.

청산은 굽어보며 먼 옛날을 낚아내고
창해는 올려보며 먼 앞날을 노래한다
서로가 바람 붙들고 안부 소식 전한다.

산 아래 숲이 되어

우뚝 선 산봉우리 비바람에 시달린다
그 아래 숲이 되어 그늘 놓아 살고지고
정상頂上도 두루 감싸면서 안식처가 되는구나.

늦가을 추수 걷자 들판에 바람 일고
겨울밤 솜눈 내려 얼은 땅을 덮어주니
계절은 시작과 끝을 맺고 나이테만 감긴다.

삶의 무게

등짐이 멍에 되어 운명처럼 짓누르고
모래밭 발자국엔 고여 있는 삶의 무게
파도가 안쓰러운지 밀려와서 지운다.

생生과 사死

죽음은 어느 곳에 숨어있다 달려들까
어느 날 어느 틈에 어김없이 찾아오니
생과 사 같이 태어나 가는 길도 함께한다.

생사를 뛰어넘는 영원한 삶 굳게 믿고
일용할 양식으로 기쁘게 살아간다
남겨질 잊지 못할 정情은 빚으로 안고 가나.

삼월三月의 봄비

삼월에 내리는 비 눈치 보며 가랑가랑
얼었던 풀잎들은 소스라쳐 자세 잡고
구름이 아끼던 눈물을 뿌리 깊이 머금는다.

새벽 산행

새벽달 강에 빠져 파르르 떨고 있고
찬 이슬 신을 뚫어 등허리를 얼리지만
산마루 외등불 하나, 소반 차려 기다린다.

성탄절
― 하늘과 땅이 하나 되다

밝은 별 땅에 내려 구세주로 태어나
바위산 언덕에서 십자가로 속량하니
사랑은 오색 무지개로 하늘과 땅을 이었다.

소낙비와 연인

소낙비 공습받아 정신없이 쫓기던 날
못다 한 정담은 빗줄기에 뺏겼어도
풍우風雨에 드러난 마음 밀어보다 깊었다.

손녀와 할아버지

신날 땐 종달새요, 등산길엔 산토끼고
화날 땐 청개구리, 놀이터엔 다람쥐라
운동장 햇병아리가 생일날엔 공주님.

혼나고 눈물 속에 달려가는 할아버지
같이 웃고 같이 놀던 동화 속의 나날들
왕자님 따라가더라도 영원토록 아가로다.

손자

외국에 사는 딸이 손자 영상 보내온다
여름날 피부색이 원주민을 닮아가고
어버이 사랑받으며 사진마다 커간다.

세상은 다양하니 하나하나 보고 듣고
지혜를 다듬으며 착한 심성 간직하여
어디든 오라고 하는 소중한 존재 되어라.

솔개와 바람

바람이 산들산들 잠잠하다 휙휙 댄다
솔개는 멀리멀리 흐름 결을 응시한다
드디어 날개를 편다, 바람 마음을 읽었다.

십일월
― 슬픔이 승화되다

낙엽을 밟으면서 주고받는 문답 속에
바스락 마른 한숨 유언인 듯 여운 남아
쌓인 잎 우등불 되어 가을밤을 태운다.

아빠의 슬픈 약속

꼬까옷 차려입고 담벼락에 기대서서
밤마다 꿈에 그린 꽃신이 눈에 어려
온종일 마을 어귀로 아빠 얼굴 찾는다.

내일은 동네 애들 꽃신 보고 놀라겠지
술 취해 다 털린 줄 반달만은 알고 있네
한 방울 앵두알 눈물이 헌 신발에 떨어진다.

소녀와 모래성

바닷가 모래밭에 모래성을 쌓은 소녀
왕자님 모실 방을 정성스레 꾸몄더니
불청객 게 한 마리가 제집인 양 차지했네.

안동을 찾아

봄꽃이 흐드러진 안동마을 옛 글방에
선비가 가야 할 길 깨우치던 곧은 영상
들릴 듯 보일 듯하여 옷깃을 여민다.

아! 우리시조

칠백 년 한글 사랑 온 누리에 등불 되어
고운 말 쉽게 익혀 거룩한 뜻 받드오니
시조는 옛정을 담아 너와 나를 맺는다.

반듯한 정원 안에 정제된 언어 심어
간직한 홍익의 얼 아름답게 가꾸리니
쉼 없는 황소걸음으로 묵묵히 밭을 간다.

어느 이른 봄날

이슬비 한 모금씩 입질하던 봉오리들
햇볕이 감싸주어 여린 향기 익어갈 때
담 넘어 나비 오시려나, 마음 졸인 봄날 오후.

어디로 가나

붐비던 골목상가 사람들이 사라지자
가로등 외 그림자 길게 끌며 기도하고
모퉁이 포장마차도 졸립다고 불을 끈다.

어둠이 잠겨 드는 바람 이는 거리에서
시름에 젖어 드는 마음속이 야속하여
다정히 손 내밀어도 미소 접는 허상들.

엄마의 기쁨

먹거리 얻어가는 엄마어깨 춤을 추네
떠들썩 먹어대는 애들 얼굴 떠올라
달리듯 빠른 걸음이 나비처럼 가볍다.

여름 과일

원두막 소나기는 노란 참외 향미 품고
땡볕에 푸른 수박 빨갛게 속 타더니
포도는 알알이 익어 기러기 꿈 담는다.

여름 피서

태양은 이글이글 파도 위에 출렁이고
대지는 달아올라 청솔 바람 애타는데
은은한 독경 소리에 불볕더위 합장한다.

열매를 위해

빛나던 꽃잎들이 몰래몰래 떨어지니
꽃 잃은 잎새들은 바람결에 술렁인다
꽃과 잎 모두 떠나보낼 나무는 말이 없다.

옛 노래

잃었던 옛날 노래 안갯속을 뛰쳐나와
그 시절 그 감동을 마음껏 터뜨리니
흥겹게 웃던 얼굴이 꽃송이로 살아난다.

- 2013년 제49회 국제공모 아시아 현대미술전 출품작
  작품명 : 설원의 일출(雪原の日の出)
- 2014년 대한민국 미술제 개인전 출품작

연말연시 인사장

연하장 성탄 카드 뒤안길로 사라지고
동영상 카톡 문자 딩동 하며 인사한다
그립다, 글 그림 예뻐서 미소짓던 작은 감동.

옛날 그 골목

골목길 놀이터로 사내애들 모여들어
공차기 와글와글 구슬치기 시끌버끌
구석엔 맨발 여자애들 고무줄에 목쉰다.

해님이 서산 넘자 어둑어둑 땅거미
꼬꼬닭 멍멍이도 짖는 소리 잦아들고
담 넘어 찌개 담는 엄마 밥 먹으라 고래고래.

흙냄새 아득한데 애들 소리 어딜 갔나
차가운 돌바닥엔 고양이만 슬금슬금
향수에 사무친 동심을 시조 읊어 달랜다.

영혼 속의 사랑

인간이 존귀함은 영혼이 있기 때문
주님은 영혼 속에 사랑 씨앗 심어놓고
물 주고 가지를 치며 사랑 열매 맺게 한다.

· 2015년 초대작가전 출품작(서울시립 경희궁미술관)

오면은 가는 것을

그리움 밀려오면 먼 산 보며 미소 짓고
얼굴이 떠오르면 잡을 듯이 놓아주자
만나면 붙잡지 못해 천 년 바위 한이 된다.

외딴섬

외딴섬 꽃발 들고 하얀 돛배 기다려도
무정한 줄 파도만 울부짖고 물러가네
갈매기 드높이 떠서 님 모시고 오너라.

우리의 존재

무한한 우주 공간 태양조차 티끌이고
쉼 없이 가는 세월 천만년도 찰나구나
우리는 아득한 운행에서 어떠한 떨림일까.

우물가 생명의 말씀

평생을 기다리며 허전함을 달래 왔지
슬픔이 겹쳐지면 쉴 곳 찾아 떠돌았지
드디어 목마른 영혼이 생명수를 만났구나.

우산 없이 걷던 날

비 올 때 내민 우산 그 손길도 고맙지만
밤비를 손잡고 걸어준 님 잊지 못하지
찬비는 두 가슴에서 두근두근 데워졌지.

위대한 슬픈 사랑

엄마는 장애 딸이 밤낮 찾는 세상 전부
소원은 끝날까지 돌봐주고 떠나는 것
한평생 지붕 밑 등불 되어 낙원 일군 옥살이.

이른 봄날

거세던 칼날 바람 가지 끝에 지쳐 있고
부뚜막 고양이는 햇볕 찾아 길게 눕네
돌담장 어린 개나리 노란 미소 수줍다.

인생의 길목에서

다투던 몸과 마음 서로 보며 위로한다.
앞 보며 달린 나날 뒤도 보며 걷노라니
잊은 듯 숨었던 인연들 하나둘씩 고개 든다.

뉘라서 좋던가요, 뉘라서 싫던가요
기뻐서 웃었을까, 서러워서 울었을까.
영 넘어 외톨로 가는 길 이정표도 없구나.

가봐야 아는 길을 묻고 묻던 어리석음
믿음 하나 간직한 채 지팡이도 버렸다.
어디서 낯선 강물이 반기면서 흐를까.

이월二月

찬바람 등에 울고 봄바람은 앞에 일고
떠나는 북녘 과객, 문 두드리는 남촌 손님
오가는 발길에 몰려 갈팡질팡 헤매는 달.

자화상

슬퍼서 울던 날이 그 얼마나 많았고
기뻐서 웃던 날이 그 얼마나 길었나
희비로 얼룩진 얼굴, 자화상이 그려질까.

젊을 땐 검은 머리, 맑은 눈에 밝은 얼굴
지금은 하얀 머리 흐린 눈에 맨 주름살
세월이 요술 부려도 속마음은 청포도다.

잠 못 이루는 밤

솔방울 떨어지는 여린 소리 담으려고
산골 밤 초막에서 토끼 귀는 지쳐간다
적막이 끌어안는 순간을 오늘밤도 놓칠까.

장소가 중요하다

부부간 말다툼이 어쩌다가 생길 때엔
전세가 불리하면 딸 있는 곳 찾아낸다
평소엔 엄마 짝꿍이나 군말 없이 내 편

젖은 별빛

어릴 적 새침하던 젖은 눈길 보고파라
말없이 이국만리 별이라도 되었는지
밤안개 별빛을 적셔 그리움을 보내시네.

제비

삼월三月엔 강남 갔던 제비들이 돌아와
처마 밑 둥지에서 오손도손 살았지요
봄꽃은 벌써 익었는데 향기는 사라졌네.

먼지 속 빌딩 숲은 살기가 어렵대요
멋지게 선회하며 바람 타던 날랜 모습
보고파 창문을 여니 먼 구름 속 흑점 하나.

주름살

나무는 늙어가도 나이테를 감추는데
사람은 세월 가면 주름살이 달려든다
나이야, 꼭꼭 숨어라 청솔처럼 살리라.

지구촌을 살리자

나무숲 갉아 먹는 인간 벌레 설쳐대니
겁먹은 짐승들은 어디 가서 숨을 쉬나
곳곳에 상처투성이 지구촌은 떨고 있다.

깨끗한 물과 공기 그 시절은 가버렸고
남북극 얼음 산맥 허망하게 무너지니
기어이 뿔난 하늘은 물불 폭탄 터뜨린다.

문명이 빛날수록 자연은 빛을 잃고
푸른 꿈 에덴동산 누런 모래 에워싸니
이기심 꽁꽁 가두고 서로 보며 같이 살자.

지는 해 뜨는 별

그늘에 쫓기면서 스러지는 가는 햇살
아쉬워 흰 구름을 발갛게 물들이며
산 넘어 기웃거리는 별 친구들 불러낸다.

책 안에 단풍잎

푸른 잎 어느 틈에 햇볕에 그을려져
오색 빛 낙엽 되어 사방으로 흩어진다.
여학생 책갈피 속에 곱게 접힌 빨강 단풍

청산 바닷가 친구 무덤

언덕에 잠든 친구 해풍이 놀자 해도
수평선 바라보며 한마디 말도 없고
새하얀 국화 송이만 지난날을 꿈꾼다.

추억은 추억으로

아련한 얼굴들이 아기별로 떠오른다
다가와 마주 보면 잊은 세월 심술궂다
그 자리 그냥 그대로 물망초로 고와라.

코로나 단상 短想

마스크 모두 쓰니 너도나도 선남선녀
널 위해 나를 위해 배려하는 눈길 속에
악령은 갈 곳을 잃고 꼬리 내려 숨는다.

코로나 비가 悲歌

황혼 녘 친구 불러 술 한잔 마실 양이면
갈 곳은 길모퉁이 하얀 할매 주막이다
가난한 시골 미소에 막걸리도 춤을 춘다.

사투리 정든 억양 손맛 나는 빈대떡
오랜만 찾아가니 문에 걸린 쪽지 한 장
그동안 감사했단 글이 바람결에 울어댄다.

코스모스 피고 지고

동구 밖 들길에서 한들한들 피는 꽃
계절이 오고가는 애환으로 설레는 꽃
가련한 윤회의 몸짓에 길 스님이 멈춰 섰다.

풀벌레 소리

가을밤 풀벌레가 바람처럼 울어댄다
짝을 찾는 묵은 연정 끊일 듯이 이어지고
달 아래 절절한 애소가 찬 이슬에 촉촉하다.

팔려 가는 어린 딸
― 옛날 어려운 시절

아빠는 앞서가고 어린 딸은 따라간다
가난에 팔려 가는 설움은 물결치고
다시는 볼 수 없는 길을 돌아보니 엄마 눈물.

전 재산 헌 보따릴 천금인 양 움켜잡고
낯선 곳 두려워도 좋은 인연 빌고 빌며
어버이 부디 잘 사시소, 꼬마 처녀 목이 멘다.

풍경을 그리다가

구름은 산을 찾고 유수는 떠나간다
꽃송이 다발 엮어 함께 오던 님은 가고
화판을 바위에 걸고 붓을 들어 하늘 본다.

풍경이 물러서며 소실점도 스러지니
붓끝은 이슬 되어 얼굴 찾아 번지는데
소쩍새 찾아 나서며 울먹이던 여인아.

하늘과 땅

겸손은 낮은 데로 고개 숙여 땅이 되고
희망은 위로 올라 맑고 푸른 하늘 되니
우리는 땅과 하늘 보며 가야 할 길 찾는다.

•2015년 서울 오픈 아트페어 개인전 출품작

하루를 재던 아빠

새벽에 기침 소리 일어나라 알려주고
밤늦게 취한 노래 이불 속을 찾게 한다
그립다. 듣고 싶구나, 하루해를 접던 아빠.

하루살이

어제가 없으니 잘못한 게 있겠는가
내일도 없으니 걱정할 일 무엇이랴
오로지 주어진 오늘을 기뻐하며 윤무輪舞한다.

해변에 버려진 배

파도를 달래다가 싸우기도 하면서
끝없이 흔적 없이 물에 잠겨 떠돈 평생
서럽게 지쳐 누운 몸을 물새들이 위로한다.

해님 찾는 달

해님아 기다려요 내 손 잡고 같이 가요
달님이 쫓아가다 눈이 부셔 길을 잃고
강물에 거울 비추며 천지사방 님 찾는다.

·2021년 4월 제23회 하남미술협회전 출품작

해변의 달과 연인

둥근달 산을 딛고 슬그머니 올라오니
파도는 손뼉 치고 밀려오며 환호한다
모래밭 설레는 발자욱 맺어질까 지워질까.

해변가 네 발자욱 달빛 받아 처연한데
끝없이 밀려오는 잔물결에 부서지고
바다는 못다 한 사연을 흔적 없이 거둔다.

해변의 의자

먼바다 굽어보는 임자 없는 빈 의자
어디로 가셨는지 줄 파도는 물어본다
고운 님 해변을 거닐다 별빛 안고 오시겠지.

살짜기 돌아와서 소리 없이 앉으시니
파도는 몰려왔다 가만가만 물러가고
의자는 은하수 따라 끝없이 흘러간다.

허수아비

농부는 나를 보며 풍년 농사 소망하고
배고픈 날짐승은 눈 흘기며 원망한다
그래도 한눈 안 파는 일편단심 홀아비.

앙상한 뼈대 위에 헌 옷 한 벌 걸치고서
낮과 밤 곧은 자세 천형인가, 수행인가
부엉이 엉엉 우는 밤 허공 향해 웃는다.

호수에 뜨는 달

산 넘어 달 오시나 가을 호수 출렁인다
밤하늘 찬란하게 부서지는 달빛 아래
백조는 사뿐히 내려와 물살 타고 맴돈다.

보았던 세상사를 달님이 속삭이면
간직한 비밀 얘기 호수는 풀어놓고
둘이는 한 쌍이 되어 은실 금실 엮는다.

흐르는 사계절

이른 봄 산과 들에 미소 짓는 꽃이 피고
한여름 비구름이 논과 밭에 물을 대니
생명은 흙에 뿌리 묻어 해를 먹고 익는다.

늦가을 추수 걷자 들판에 바람 일고
겨울밤 솜 눈 내려 얼은 땅을 덮어주니
계절은 시작과 끝을 맺고 나이테는 감긴다.

흙을 잃은 사람들

빌딩 숲 어디에도 흙덩이를 볼 수 없어
땅 냄새 그리면서 살아오던 흙 사람들
시멘트 아래에 깔린 그 향수를 품고 산다.

영역시조집 『Sijo』 수록 영역시조 작품 4수 소개
Translated by Ph.D. Mark A. Peterson / Harvard Univ.

이 몸이 죽고 죽어

정몽주

이 몸이 죽고 죽어 일백 번 고쳐 죽어
백골이 진토되어 넋이라도 있건 없건
임 향한 일편단심이야 가실 줄이 있으랴

Though I Die, and Die Again

Mongjoo Chung

Though I die, and die again,
Though I die one hundred deaths,

After my bones have turned to dust,
Whether my soul lives on or not,

Loyalty embodied in the one heart,
Will not ever fade away.

혼자 앉아서

최남선

가만히 오는 비가 낙수 져서 소리하니
오마지 않는 이가 소리 없이 기다려져
열릴 듯 닫힌 문으로 눈이 자주 가더라.

Sitting Alone

Namseon Choi

In stillness, I hear faintly
The sound of rain falling.

I'm waiting in silence for
The one who isn't going to come.

My eyes fall often on the closed door
As if it is about to open.

시인의 길

이석규

마음을 엎지르니 장미꽃이 피어나고,
어둠에서 떨다 보니 별이 되어 반짝인다.
순간 속 영원을 찾아 끝없는 꿈을 꾼다.

The Path of the Poet

Seokgyu Lee

If he spills his heart open,
A rose there will blossom.

If he trembles in the dark,
He becomes a star and twinkles.

In one moment, he can find eternity
And dream dreams endlessly.

농부와 황소

김경우

황소야 같이 가자 뚜벅뚜벅 논길 따라
고달픈 내 마음을 말이 없는 너는 알지
벼 이삭 익어 가누나 네 눈빛이 밝구나.

The Farmer and the Bull

Kyungwoo Kim

Hey, ya! Old bull! Let's go
As we stumble along the paddy field path.

For the aching in my heart
You, don's talk, know how hard I feel.

The rice crop is ripening as we go
And your eyes are bright and shiny.

■ 평설

선량한 인간의 본성이 윤무輪舞를 이루는 원적지의 언어
- 김경우 시조의 시 세계 -

이석규
시조시인, 문학박사, 가천대 명예교수

들어가며

필자가 김경우 시인을 처음 만난 것은 2016년 11월 국회도서관 강당에서 열렸던 시조통일안에 관한 공청회가 끝난 뒤였다. 식당에서 우연히 자리를 함께하여 인사를 나누고 이야기를 하는 귀한 기회를 가질 수 있었다. 첫 만남인데도 유머와 위트를 적절하게 섞어가며 분위기를 편안하게 이끌어 가는 모습에서 대뜸 친근감을 느꼈던 기억이 난다. 공직에서 큰 경륜을 펼치다가 퇴임을 하시고, 이전과는 전혀 다른 세계에서 화가가 되어 활동하고 있으며, 이제 또 시조를 쓰게 되었다며, 우리 한국시조협회에 호감을 느끼고 있다는 말씀을 나누었다. 짧은 만남

이었지만 오래된 지기를 만난 것 같은 기쁨이 있었다. 아주 살짝 스치는 지적知的인 귀티와 참으로 맑고 깨끗하며 따뜻한 기운이 후광처럼 감싸고 있는 것 같은 느낌을 받았다. 그 뒤 바로 (사)한국시조협회 기관지인 《시조사랑》으로 등단하셨고, 자주 만날 기회도 있었다.

그의 첫 시조집인 이『함께 흐르는 시조와 그림』에 실린 작품들을 음미하면서, 처음 만났을 때 받았던 그 포근하고 세련된 분위기를 그대로 느낄 수 있다. 그림에 문외한인 필자가 그림에 대하여 여러 말을 하는 것은 적절하지 않지만, 김경우 화백의 작품들이 주는 공통된 느낌은, 인간의 사조思潮나 경향 이전의, 문명에 물들지 않은 진솔하고 소박한 세계, 그리고 그 속에서 속되지 않은 인간들의 순박하고 성실한 삶의 모습이 편안하고 포근한 색감으로 잘 표현되어 있다는 느낌이 든다. 또한, 화가가 그림을 통하여 나타내려 하는 메시지가 비교적 분명하여 시조와 참 잘 어울린다.

이번에 김경우 시인의 첫 시조집『함께 흐르는 시조와 그림』에 실린 시조작품들은 한마디로 사람과 자연을 사랑하는 데서 오는 따뜻함과 평안함 그리고 심미적 감각이 탁월하다는 점에서, 그림과 시조가 정말로 닮은꼴이다. 다만 시조에는 그림에서는 잘 보이지 않는 지성과 경

륜, 지혜와 명철, 인생관 등이, 언어의 내면에서 부드러운 결을 이루며 더욱 구체적으로 드러나 있다. 세상을 보는 예리한 관찰과 깊은 통찰을 통하여, 아날로그 이전의 자연과 인간 본유의 아름다움, 그리고 그 조화미를 간곡하게 추구하고 있음을 확인할 수 있다. 특히 인생에 대하여 생명에 대하여서는, 애정의 눈길로 그 한계를 넘는 긍정적 의미를 창출해 내고 있다. 깊은 사유와 깨달음을 아주 쉽게 이미지화하여 독자에게 공감을 주는 언어 운용 능력은 김경우 시인의 가장 중요한 특장이라고 할 수 있을 것 같다.

따뜻함, 평화 그리고 순결

> 거세던 칼날 바람 가지 끝에 지쳐 있고
> 부뚜막 고양이는 햇볕 찾아 길게 눕네
> 돌담장 어린 개나리 노란 미소 수줍다.
> 　　　　　　　　　　「이른 봄날」 전문

　어느새 한풀 기세가 꺾인 겨울바람이지만, 이른 봄날의 바람은 만만치가 않다. 아직 온기가 남아 있는 부뚜막과 따뜻한 햇볕을 찾아 고양이가 길게 눕는데, 바람을 뚫고 어리고 여린 개나리가 수줍은 듯 고개를 내민다. 새봄을 맞는 옛 시골 마을이 심미적 조화를 이루며 조용히 다가선다. 수채화처럼 엷은 천연색을 띤 봄날의 이미지가 참 평화롭고 따스하다.

　이슬비, 꽃봉오리, 햇볕, 나비들이 서로 돕고 교감하며, 자연의 순리를 이루어가는 봄날의 모습을 감각적으로 형상화한, 그의 다른 시조 「어느 이른 봄날」과 함께, 따뜻함으로 서로 교감하고 조화를 이루고자 하는 시인의 아름다운 시 세계의 일단을 충분히 공감하게 한다.

　　봄비에 실려 오는 먼 숲속의 풀잎 연가
　　창밖엔 일렁이는 밀어들의 속삭임
　　오실 듯 그냥 가실까 귀 기울다 잠든 밤.
　　　　　　　　　　「봄비가 밤에 내려」 전문

　새싹을 어루만지듯 토닥거리는 빗방울 소리, 그것은 온 세상 가득 속삭이는 사랑의 밀어다. 영원 속에 안식하는 원초적 평안을 안고, 임께서 다가오시기를 간절히 기다리다가 깜빡 잠속에 빠져든다. 어느새 화자는 숲에 속해 밀어를 나누는 하나의 풀잎이 되어있다.

　　부부간 말다툼이 어쩌다가 생길 때엔
　　전세가 불리하면 딸 있는 곳 찾아낸다
　　평소엔 엄마 짝꿍이나 군말 없이 내 편 든다.

「장소가 중요하다」 전문

가끔 있는 부부 사이에 다툼은 전쟁이 아니다. 투정이다. 삶에 변화를 주는 사랑의 방식이다. 가끔 그 속으로 딸을 청한다. 엄마와 아빠의 사랑에 익숙한 딸이 적절하게 박자를 맞추며 분위기를 띄운다. 가족들의 작은 사랑 이야기, 서로감이 통하는 행복에 겨운 이야기, 그 단란함을 가볍게 스케치하고 있음이다. 다툼이라는 역설적 요인이 순기능을 하며 분위기를 상승시킨다. 가벼운 유머가 물무늬를 이루고 있다.

새벽에 창을 여니 흰 구름이 내려앉아
까치가 총총 뛰며 마음 놓고 낙서하고
참새는 통통거리며 찍힌 글자 읽는다.

적막이 다져 놓은 티끌 없는 하얀 숨결
산과 들, 숲과 마을, 모두모두 은빛 축제
꿈꾸던 설국의 창이다, 소리 없는 감격이다.
「밤새 내린 눈」 전문

인생의 후반기에 들어서도 여전히 어린아이 같은 심성을 그대로 지니고 있는 사람은 진정 성공한 인생을 산 사람이다. 첫수에 밤새 내린 눈 위를 마음껏 뛰어다니며

즐기는 까치와 참새의 모습들이 천진스럽기 짝이 없다. 까치가 낙서를 하고 참새가 그것을 읽는다는 표현은, 동심에 빠질 수 있는 순수한 사람만이 그릴 수 있는 참으로 재미있는 은유요 에스프리(Esprit)다. 둘째 수에서 하얗게 쌓인 눈을 숨결이라고 하고, 그것을 특히 적막이 다져 놓았다고 한 표현은, 깊은 통찰력에서 우러나는 내공의 발현이다. 개성적이고 참신하다. 온 누리에 벌어진 이 은빛 축제는 하늘나라를 향한 창문이란다. 하나님이 창조하신 순결한 세계를 발견해 내고, 섬세한 감수성으로 그 속에 빠져들어 갈 수 있는 사람만이 누릴 수 있는 감동이요 감격이다.

 시인 자신도 모르게 눈사람이 되어 자연이 시연하는 향연속에 끌려 순결한 비경의 일부가 됨을 노래한, 그의 시조 「눈사람이 되어」 또한 인간이 생태적으로 갖추고 있는 순수와 순결의 본질에 대한 사랑이요, 이미 시의 화자가 그 속에 속해 있음이다.

그리움

 먼 산이 보고 싶고 바다가 그리운 건
 그들이 끊임없이 손짓하기 때문이다

높 낮게 홀 비껴있으니 얼마나 외로울까.

청산은 굽어보며 먼 옛날을 낚아내고
창해는 올려보며 먼 앞날을 노래한다
서로가 바람 붙들고 안부 소식 전한다.
「산과 바다는 부른다」 전문

시인의 산과 바다는 유정하다. 시작도 하기 전에 산과 바다에 화자의 감정이 이입移入되어 있다, 서로 사랑을 나누려는 몸짓들이 간곡하기 짝이 없다. 먼 산과 바다가 끊임없이 손짓하고 반응하며 화자도 거기에 동화된다. 시인의 독특한 상상력을 통한 그 발상 자체가 신선하다. 정情을 주축으로 과거와 미래 그리고 현재가 인과를 주고받는다. 그렇게 자연이 인간이 되고 인간이 자연이 되는 조화를 이루어 나간다. 시인의 상상력이 자연과 인간을 오가며 다정하게 형상화된 수작秀作이다.
그리움보다 더 간곡한 것이 있을까?

눈 속은 누나 마음 차가운 듯 따뜻하고
동구 밖 진눈 길은 가까운 듯 아득하다
등불이 켜질 때쯤에는 어디선가 웃는 소리.

눈 덮인 시골 밤은 고요하고 정겨워라

>   창밖을 내다보며 지난날을 더듬으면
>   스며든 문풍지 바람이 군고구마 탐낸다.
>   「눈 내리던 시골집」 전문

　눈은 차갑다. 그래서 겨울에만 내린다. 그러나 펑펑 쏟아져 내리는 눈 속에서 눈을 맞아보라, 아니 그 모습을 바라보기만 해도 말할 수 없는 포근함과 따사로움을 느낀다. 왜 그럴까? 화자는 그것을 누나의 마음에 비유하고 있다. 생각하기 쉽지 않으면서도 적절한 비유다.

　둘째 수에서 시골 마을에 눈이 쌓인 저녁나절 정다운 이들의 웃음소리가 고요를 깬다. 고구마 굽는 냄새에 끌려 문풍지 바람까지 기웃댄다는 표현도 참 재미있다. 화자의 이 몇 마디가 우리를 어린 시절로 화롯가로 달려가게 한다. 춥고 차가운 눈을 오히려 따뜻하고 포근하게 만드는 요술을, 어린 날의 시골집은 여전히 간직하고 있다. 고요, 포근함, 게다가 정다움까지 더해진 우리의 어린 날을 공감각적으로 스케치하여 화자는 물론 독자들에게까지 왈칵 그리움이 일게 한다.

>   손자가 할머니를 밀고 가던 놀이터 길
>   할머닌 손자 잡고 끌고 가던 유치원 길
>   이제는 학생 혼자서 그리움을 밟고 간다.
>   「같이 걷던 길」 전문

사랑이란 말을 알기 훨씬 전부터 할머니와 손자는 함께 했다. 그냥 편안하고 좋았다. 서로가 상대가 없는 세상은 생각조차 해 본 적이 없을 것 같다. 그러나 어느새 손자는 학생이 되었고, 언젠가부터 할머니는 안 계시다. 이제 유치원 길이든 학교 가는 길이든, 아니 자신의 인생길을 손자는 혼자서 걸어가야 한다. 할머니의 부재 속에서 아직도 어린 그는 감당하기 어려운 원초적 한계 너머를 살며, 아픈 줄도 모르고 아파한다. 잔잔하고 짠한 안타까움이 독자의 가슴에 밀려온다. 그러나 그것은 모든 인간이 걸머져야 하는 운명 같은 그리움이다. 작은 이야기로 가볍게 터치하면서 그리움의 근원을 완벽하게 함축한 명품시조다.

간절히 함께하고자 하는 대상의 부재 또는 상실에서 오는 심리적 아픔이 그리움이다. 그리움은 내면의 질료가 사랑으로 이루어져 있다. 따라서 고통이긴 하지만 고통 중에 가장 아름다운 고통이라고 할 수 있다. 경우에 따라서는 일부러 그 속에 빠져버리고 싶기도 한, 애틋하고 감칠맛이 있는 통증이 그리움이다. 마음 깊은 곳에 따듯함과 평화 그리고 진실과 순결을 지니고 그것을 끝없이 추구하는 사람만이 진정한 그리움을 지니고 산다. 그는 어쩌면 세상에서 가장 행복한 사람일 것이다.

꿈과 희망과 약동과

꽃 술잔 마주치며 세상만사 잊어보세
지난날 그리워라 우리는 모두 영웅
추억이 따라주는 잔 새벽별이 세고 있네.
「그대와 술잔을」 전문

동창들이 모였나 보다. 가슴마다 드높은 꿈을 안고 손에 손 마주치며 하이파이브, 깊은 우정으로 서로를 신뢰하던 지난날이 그립다. 오랜만에 마음과 뜻이 맞는 벗들이 모여 우정과 흥에 흠씬 취해 시간을 잊고 있다. 시인의 마음 깊은 곳에 남모르게 숨 쉬고 있는 웅비의 열정이 되살아나고 있음이다.

등대 밑 방파제서 숨 고르는 선박들
파도에 놀란 마음 스물스물 가라앉고
섬 아씨 부르는 노래에 물새 꿈이 퍼득인다.

이제는 나갈 거다, 망망대해 헤치면서
터지는 엔진 소리 물거품을 가르면서
머나먼 수평선 넘어 내 님을 안을 거다.
「방파제」 전문

방파제는 무서운 파도를 막아주는 성벽과도 같다. 방파제 위에는 흔히 등대가 먼바다를 향하고 있다. 밤이 오면 멀리까지 비춰줄 것이다. 지금은 잠시 그 안에서 몸을 쉬며 숨을 고르는 중이다. 이제 망망대해를 헤쳐 수평선 너머로 힘차게 나아갈 것이다. 기필코 꿈을, 소망을 이루고야 말겠다는 신념과 스스로에 대한 믿음이 볼륨을 가지고 약동한다. 시인의 부드럽고 온화한 가슴 깊은 곳에 숨겨진, 웅혼한 기상을 엿볼 수 있다.

빛나는 인생관

　　무한한 우주 공간 태양조차 티끌이고
　　쉼 없이 가는 세월 천만년도 찰나구나
　　우리는 아득한 운행에서 어떠한 떨림일까.
　　　　　　　　　　　　「우리의 존재」 전문

　"무한한 우주 공간"과 영원이란 시간 속에서, 희로애락喜怒哀樂에 마냥 흔들리며 살아가는 찰나적인 인생을, 화자는 "떨림"이라는 절묘한 언어로서 포착해 낸다. 짧음이 슬프고, 인간의 한계를 넘어설 수 없음이 너무 안타깝다.
　그러나 끝내 긍정의 눈으로 의미를 부여하되 결코 기

대를 놓지 않는다. 그것은 어쩌면 감동일 것이다. 한 번 태어나는 생명에 대한, 인생에 대한 시인의 드높은 자존감과 따뜻한 애정에서 창출하는 의미부여다.

  죽음은 어느 곳에 숨어있다 달려들까
  어느 날 어느 틈에 어김없이 찾아오니
  생과 사 같이 태어나 가는 길도 함께한다.
         「생生과 사死」 2수 중 첫째 수

 앞의 시조 「우리의 존재」에서도 강조했듯이 인생은 짧다. 인간은 절대 죽음을 피할 수도 없다. 말 그대로 생자필멸生者必滅이다. 그런데 더욱 안타까운 것은 그 시기를 알 수 없다는 것이다. 화자는 종장에서 촌철살인寸鐵殺人의 놀라운 한마디로 요약한다. "생生과 사死는 같이 태어나 언제나 함께한다."는 그것이다. 인생에 대한 깊은 통찰과 사유를 통하여 도달한, 달관의 경지에서나 알게 되는 소중한 진실일 것이다.

  어제가 없으니 잘못한 게 있겠는가
  내일도 없으니 걱정할 일 무엇이랴
  오로지 주어진 오늘을 기뻐하며 윤무輪舞한다.
           「하루살이」 전문

사실 만년, 백만 년의 세월에 비하면 인간의 일생은 그야 말로 하루살이의 하루에 불과할 것이다. 그런데 시간의 흐름이 어찌 만년, 백만 년에서 그치겠는가! 게다가 인간은 생명 이전과 이후에 대하여 전혀 아는 바가 없다. 어제와 오늘 자체가 없는 하루살이의 시간에 대한 무개념과 무엇이 다르겠는가? 이처럼 시인은 목숨 가진 존재, 특히 유정한 인간의 한계를 하루살이를 통해서 아프게 구체화한다. 그러면서도 주어진 모든 현상과 상황을 긍정의 눈으로 포용한다. 그리하여 시인이 제시하는 대안은 "윤무輪舞하라!"는 것이다. 윤무라는 말은 물론 춤을 춘다는 뜻이다. 그리고 속에는 "여럿이, 모두가 함께 어우러져서"라는 뜻, "기쁨과 즐거움, 또는 흥겨움"이라는 뜻을 함유하고 있다. 또 있다. "열심히, 열정적으로, 심취하여"라는 뜻도 살짝 숨어있다. 그렇게 춤을 추라는 것이다. 결코 허무에 빠져서 인생을 낭비하지 말라는 것이다.

시인은 하루살이가 창출해 내는 생명의 그 아름다운 발현을, 우리 인간이 배워야 할 표상表相으로 제시하고 있다. 짧은 단시조 한 편에 인생의 근원적 깨달음을 함축적으로 예술화하고 있다. 오직 시인의 "빛나는 인생관"에 깊이 공감하며, 가족과 이웃, 사회와 더불어 무한히 윤무輪舞하는 감동을 누리고 싶을 뿐이다.

삶을 사는 지혜

가봐야 아는 길을 묻고 묻던 어리석음
믿음 하나 간직한 채 지팡이도 버렸다
어디서 낯선 강물이 반기면서 흐를까.
「인생 길목에서」 3수 중 셋째 수

세 수로 된 이 시조는 생명의 한계에 대한 측은지심과 인생에 대한 자기 성찰을 이미지화하고 있다. 살다 보면 수렁에 빠지기도 하고 가파른 바위산을 넘어야 할 때도 있다. 물론 평지를 걸어갈 때도 있다. 그러나 가보기 전에는 예측할 수 없다. 함께 가며 의지하는 가족과 친지, 이웃이나 벗들이 있을 수 있다. 너무나도 소중한 존재들이다. 그러나 결국 자기의 운명은 자기 홀로 가는 것이다. 그렇게 살아 내야 하는 것이 인생이다.

"믿음 하나 간직한 채 지팡이도 버렸다"라는 구절은, 그대로 인생살이에 있어서 정문頂門에 일침一針을 가하는 표현이다. 성경에 이른바 "의인은 믿음으로 말미암아 살리라" 라는 말씀 그대로다. 그것은 깨달음에서 또는 체험에서 도달하는 경지요, 믿고 나서야 보이는 길이다. 또한 절제와 극기克己를 통한, 대학大學에서 말하는 격물치지格物致知의 실현에 다름 아니다.

겸손은 낮은 데로 고개 숙여 땅이 되고
희망은 위로 올라 맑고 푸른 하늘 되니
우리는 땅과 하늘 보며 가야 할 길 찾는다.
「하늘과 땅」 전문

　세상에는 하늘과 땅이 있어야 하듯이 사람의 인생살이에는 반드시 꿈이 있어야 하며 또한 절대로 현실을 망각해서는 안 된다. 그런데 시의 화자는 "겸손은 낮은 데로 고개를 숙여 땅이 되고, 희망은 위로 올라 하늘이 되"었단다. 참으로 놀라운 발상이요 상상력이다. 이 세상에 하늘이든 땅이든 하나라도 없으면, 아예 세상이라는 것의 존재 자체가 불가능하다. 하늘이 있어 베풀며 은혜를 내려주고, 땅이 있어 포용하고 키워준다. 화자는 인생에 있어서 희망과 겸손을 하늘만큼 땅만큼 중요하고 필요하다고 주장하는 것이다. 아니, 시인이 말하고 싶은 원관념은 하늘과 땅이 아니다. 그것은 보조관념에 불과하다. 원관념은 당연히 겸손과 희망이다. 겸손은 자존의 실체요, 희망은 열정과 성실의 바탕이다. 그리고 그것은 인생살이의 두 날개요 두 바퀴다.
　그런데 시인은 거기서 그치지 않는다. 기어이 종장에서 한마디를 덧붙여서 그것으로 세상과 인생을 완성해 버린다. "우리는 땅과 하늘 보며 가야 할 길 찾는다."라고. 화자의 내적 깨달음의 깊이에서 터득한 인생의 원리와 살아가는 길에 대한 진실이다. 이러한 내공으로 인하여 시의 화자는 그럴듯 따뜻하고 부드러우며 조화로운 삶을 추구하고 있는 것으로 보인다.

> 평생을 소리 없이 붙어 다닌 나 아닌 나
> 빛 따라 나타나는 흔적 없는 자화상
> 어느 날 같이 사라지면 어느 누가 실체일까.
>
> 하나가 춤을 추면 또 하나도 따라 웃고
> 하나가 슬퍼하면 또 하나도 따라 우니
> 하늘에 부끄럽잖기를 서로 보며 다짐한다.
> 「그림자」 전문

하나이며 둘, 둘이며 하나이다. 하나는 허상, 하나는 실상인 듯하지만, 결국 삶에서 죽음에 이르기까지 함께 한다. 내면의 나는 선과 악, 기쁨과 슬픔, 긍정과 부정으로 서로 맞서기도 하지만, 화자에게 있어서 실체와 그림자는 서로 위로하고 응원하며 북돋운다. 한 번뿐인 인생을 부끄럽지 않도록, 인생에 대한 확고부동한 신념을 보여준다. 멋지고 아름다운 삶을 살려는 의지, 그리고 끝없는 사색과 성찰을 통하여 도달한 인생의 정제된 의미 또는 대 긍정이 아니고 무엇이겠는가!

사랑하지 않을 수 없다

조국을 품에 안고 꽃잎으로 떨어졌다
그리운 엄마 얼굴 구름 속에 어리고
수줍은 어린 아내는 갈대풀에 울먹인다.
「말 없는 철모」 2수 중 첫수

언제인지 생각도 안 날 만큼 오래전, 조국을 위하여 전쟁터에 나와 산화한 젊은 목숨을 안타깝게 노래한다. 그는 아무도 없는 깊은 산 속, 바람과 달과 별이 머무는 곳에서 홀로 지워져 간 젊은 목숨, 낡은 철모만이 유일하게 남아 있는 그의 흔적이다. 그는 소중한 자식이요, 바위 같은 남편이었다. 외세와 이념 때문에 스러져간 이 땅의 젊고 소중한 생명이었다. 시인의 애절한 애가哀歌에 저절로 옷깃을 여미게 된다.

황소야 같이 가자 뚜벅뚜벅 논길 따라
고달픈 내 마음을 말이 없는 너는 알지
벼 이삭 익어 가누나 풍년가를 부르자.
「농부와 황소」 전문

봄비가 촉촉이 내리던 이른 봄부터 오곡이 여물어 풍년을 바라보는 이 순간까지, 함께 근심하고 일하면서 동행해 온 황소는 이미 황소가 아니다. 화자가 신뢰하고 의지하는 다시 없는 벗이요 동지다. 소망과 착목하는 바가 같고 의지가 한결같다. 이제 그들은 함께 그 성취를 눈앞에 바라보며 걷고 있다. 풍년을 이루어낸 보람과 기쁨 그리고 온갖 궂은일을 함께해 온 황소에 대한 진정어린 신뢰와 애정을 잘 그려내고 있는 명품이다.

  칠백 년 한글사랑 온 누리에 등불 되어
  고운 말 쉽게 익혀 거룩한 뜻 받드오니
  시조는 옛정을 담아 너와 나를 맺는다.

  반듯한 정원 안에 정제된 언어 심어
  간직한 홍익의 얼 아름답게 가꾸리니
  쉼 없는 황소걸음으로 묵묵히 밭을 간다.
            「아! 우리시조」 전문

 배달겨레 모두의 생존과 평안을 영원히 지키기 위한, 우리의 정체성이 담긴 거룩한 이념, 그것은 홍익인간弘益人間의 정신이다. 시조는 역사와 민족의 영혼을 가꾸는 문화의 뿌리요 겨레의 꽃이다. 무엇보다도 시조를 사랑하는 화자의 어진 뜻이 우아하고 정직한 언어로써 격조와 기품을 멋지게 형상화한 절품이다.
 그가 진실로 안타깝게 여기는 것은 나라를 위해 이름

없이 산화한 이 땅의 젊은이들의 희생이요, 그가 진실로 사랑하는 것은 약자든 강자든, 또는 사람이든 짐승이든 같은 뜻으로 성심을 다하는 존재들이며, 그들의 진실함과 성실성이다. 그리고 아름다운 우리의 산하, 자랑스러운 우리 문화유산들이다. 그에게 소중한 사랑 이야기는 참으로 많지만 시시한 연애 이야기는 아니다.

현대문명의 비판

골목길 놀이터로 사내애들 모여들어
공차기 와글와글 구슬치기 시끌버끌
구석엔 맨발 여자애들 고무줄에 목쉰다.

해님이 서산 넘자 어둑어둑 땅거미
꼬꼬닭 멍멍이도 짖는 소리 잦아들고
담 넘어 찌개 담는 엄마 밥 먹으라 고래고래.

흙냄새 아득한데 애들 소리 어딜 갔나
차가운 돌바닥엔 고양이만 슬금슬금
향수에 사무친 동심을 시조 읊어 달랜다.
「옛날 그 골목」 전문

골목은 나이 든 사람들의 어린 시절 추억이 어려 있는 곳이다. 아이들이 왁자지껄 뛰어놀던 즐겁고 행복한 공간이었다. 또한, 이웃 간에 따뜻한 정이 오가던 인정의 통로였다. 이처럼 선명하게 뇌리에 살아 있는 골목의 옛 모습을 묘사만으로 생생하게 이미지화하고 있다. 흔히 비유적 이미지를 강조하지만, 묘사로써 이미지를 창출하는 능력이 먼저다.

첫째, 둘째 수는 그 골목을 잊을 수 없는 정겨운 곳으로, 셋째 수는 아이들은 아예 흔적도 없고 땅바닥은 차가운 돌로 바뀌어 있다. 기껏 고양이나 슬금거리는 곳으로 변해 버렸다. 애들, 이웃, 정겨움, 즐거움 애틋함 등의 대조를 통하여, 현대 사회의 비정함을 드러내고 있다.

황혼 녘 친구 불러 술 한 잔 마실 양이면
갈 곳은 길모퉁이 하얀 할매 주막이다
가난한 시골 미소에 막걸리도 춤을 춘다.

사투리 정든 억양 손맛 나는 빈대떡
오랜만 찾아가니 문에 걸린 쪽지 한 장
그동안 감사했단 글이 바람결에 울어댄다.
　　　　　　　　　「코로나 비가(悲歌)」 전문

이 시조는 현대 문명 중에 특히 코로나라는 전염성 바이러스 균 때문에 사회의 정상적인 삶이 무너져 가고 있는 현상을 안타깝게 고발하는 작품이다. 물론 코로나 역시 편안하고 정답게 살아갈 인간의 권리에 치명타를 안기는 장애현상으로, 역시 현대문명이 가져온 부산물이다.
둘째 수 중장, 종장이 주는 인정과 현실적 안타까움이 여운으로 길게 남는다.

> 문명이 빛날수록 자연은 빛을 잃고
> 푸른 꿈 에덴동산 누런 모래 에워싸니
> 이기심 꽁꽁 가두고 서로 보며 같이 살자.
> 　　　　　「지구촌을 살리자」 3수 중 셋째 수

사실 현대문명은 말로 표현할 수 없을 정도로 인간의 삶의 질을 높이고 있다. 생활과 일의 편리와 능률이 상상할 수 없을 정도로 변화 발전했으며, 모든 분야가 인간의 한계를 뛰어넘는 경지에 이르고 있다. 그러나 그런 가운데, 부작용과 병폐 또한 심각하다. 공기와 바다 오염은 물론 수천, 수만 년에 걸쳐 조성된 숲과 남북극의 빙산이 녹아 없어지는 온난화 문제를 포함하여, 아름다운 자연과 모든 생명의 삶의 터전인 지구 자체를 위기상황으로 몰아가고 있다.
　김경우 시인은 이러한 현대문명의 문제점에 대하여

단지 고발에서 그치지 않는다. 위의 시조 「지구촌을 살리자」에서는 문명사회의 문제점을 하나하나 고발하고, 마지막으로 셋째 수 종장에서, 앞으로 나아가야 할 방향을 한 마디로 제시하고 있다. "이기심 꽁꽁 가두고 서로 보며 같이 살자."는 것이 그것이다. 문명은 사람이 일으킨 것이고, 그 병폐는 무지와 이기심에서 나오는 것이라는 진단이다. 진정으로 인간과 자연을 사랑하며 서로 간에 조화와 행복을 지키고 발전시키고 싶은 시인의 진정이 이 시조에도 역력히 살아 숨쉬고 있음을 볼 수 있다. 다음 시조 한 편을 더 소개함으로써 이 장章을 마무리하고자 한다.

> 창밖에 우는 새야 어찌 그리 서러운고
> 회벽에 갇혀 사는 나를 보니 슬프다네
> 문 열자 푸른 산속으로 포르르 날아간다.
> 　　　　　　　　　　　　「누가 더 슬플까」 전문

관찰, 통찰 그리고 성찰

> 나무에 눈이 쌓여 만개한 눈꽃 송이
> 햇살이 두려워서 오들오들 떨고 있다
> 햇볕이 밝아올수록 눈물지며 시드는 꽃.

「눈꽃」 전문

　눈꽃이 쉽사리 녹아 없어져버리는 것에 대한 안타까움을 노래한다. 읽고 나면 쉽게 이해가 가지만, 생명체가 생기고 자라나는 과정과는 전혀 다른 역발상이라는 점에 방점이 간다. 그것은 섬세하고 예리한 관찰을 통하여 깨달아지는 현상일 것이다. 시인의 자신의 입장을 떠나서, 아니 아예 눈꽃이 되어야만 느낄 수 있는 두려움, 슬픔을 이야기하고 있는 것이다. 어쩌면 너무나 당연한데도 아웃사이더의 눈으로는 발견하지 못하는 사실을 포착해 낸 감각이 탁월하다. 러시아의 형식주의자들이 주장하는 이른바 "낯설게 하기"는, 어렵게 쓰라는 것이 아니라 이렇게 쓰라고 본보기를 제시하는 듯하다. 눈꽃을 대하는 시인의 사랑이 애틋하게 다가온다.

　　식구다, 바둑이는 꼬리 몸통 뱅뱅 꼰다
　　아빠다, 달려가서 지친 황소 부축한다
　　엄마다, 장바구니엔 가족사랑 가득하다.
　　　　　　　　　　　　「발자욱 소리」 전문

　바둑이는 눈을 감고 가만히 엎드려서 조그만 기척에도 자기가 신뢰하고 사랑하는 사람들을 식별한다. 그 순간 번개같이 일어나서 달려간다. 그리고 그 대상에 맞게

환영하고 돕고 그리고 교감을 즐긴다. 단란한 가족들과 함께 조화를 이루는 순간을, 역시 아웃사이더가 아닌, 바둑이의 시점에서 터치하고 있다. 청각적 접근으로 모든 것을 그려내는 형상화 기법이 참 재미있다.

솔방울 떨어지는 여린 소리 담으려고
산골 밤 초막에서 토끼 귀는 지쳐간다
적막이 끌어안는 순간을 오늘밤도 놓칠까.
「잠 못 이루는 밤」 전문

솔방울 떨어지는 순간에 적막이 깨진다. 바로 그 순간 숲은 더 깊은 적막에 묻힌다. 그것은 적막의 외침이다. 적막의 비명 소리가 더 깊은 적막으로 적막을 일깨운다. 잠 못 이루는 밤에, 밤보다 더 깊은 적막 속에 들어가 적막과 하나가 되려 한다. 초막과 숲, 토끼와 시인이 하나 되어 그 순간을 기다리는 토끼의 기다림은 더 이상 기다림이 아니다. 이미 도道에 들어서 있음이다. 청각적 이미지를 잘 살려낸 절품이다.

농부는 나를 보며 풍년 농사 소망하고
배고픈 날짐승은 눈 흘기며 원망한다
그래도 한눈 안 파는 일편단심 홀아비.

앙상한 뼈대 위에 헌 옷 한 벌 걸치고서

낮과 밤 곧은 자세 천형인가, 수행인가
부엉이 엉엉 우는 밤 허공 향해 웃는다.
「허수아비」 전문

 이 시조에서도 역시 시인은 감정이입을 넘어서 아예 허수아비가 되어 있다. 자기를 떠나서 대상과 하나가 될 수 있는 것은 시인의 뛰어난 자질의 하나다. 그뿐만 아니라, 그것은 인간 본성에 이르는 최선의 길이다 [중용中庸의 천명지위성天命之謂性 솔성지위도率性之謂道 참조]. 이것 하나로도 김경우 시인의 시조를 대하는 자세 곧 사색과 천착이 어느 정도인지 충분히 짐작이 간다.
 허수아비는 여기서 주어진 임무를 수행하는 수행자다. 그로 인해 피해를 보는 대상들이 있게 마련이다. 그러나 그들의 원망과 적대감에도 묵묵히 꿈쩍도 하지 않는다. 비쩍 마른 몸에, 헌 옷을 걸치고 한 번도 굽힌 적 없는 꼿꼿한 자세로 어김없이 소임을 다해내는 고집불통의 원칙주의자이다. 허수아비의 생김새와 특성을 이처럼 정확히 짚어낸 것이 놀랍다. 마지막으로 "부엉이 엉엉 우는 밤 허공 향해 웃는" 허수아비의 모습이 길게 영상으로 남는 역작이다.

글을 마치며

　　김경우 시인의 시세계는 먼저, 참으로 따뜻하고 부드럽다. 순결하며 천진하다. 그의 시조에서 세상의 모든 건강한 소재들이 조화를 향하여 협력하는 모습을 보게 된다. 속된 것, 문명의 때에 물들기 이전의 선량한 인간의 본성에 대하여, 그리고 아름다운 자연의 본향에 대하여, 끝없는 그리움을 안고 접근하고자 한다.

　　둘째, 그는 가슴 깊은 곳에 스스로에 대한 신뢰와 자존감으로 웅혼한 기상을 자신도 모르게 간직하고 있다. 그리하여 성찰과 직관으로 또는 깊은 깨달음으로 자신만의 빛나는 인생관을 구축하고 있다. 그것은 삶과 죽음의 문제를 넘어선 곳에서 다함께 윤무輪舞하고자 하는 실존적 추구라고 할 수 있다. 그 윤무 속에는 아름다운 인성과 이 세상과 이웃에게 그리고 자신에게 소중한 모든 것을 사랑하고자 하는 열망이 들어 있다. 그것을 향하여 희망과 겸손이라는 두 날개는 쉬지 않고 펄럭이며 다가간다.

　　셋째, 김경우 시인은 한 편의 시조를 쓰기 위하여 대상에 감정이입을 넘어서 아예 자신을 버리고 대상 자체가 되고자 한다. 그 상태에서 관찰하고 통찰한다. 그리고 상상한다.

넷째, 시詩가, 시詩 되기 위해서는 표현이 무리하지 않고 적절해야 한다. 그러면서도 남이 상상 못한 기발함 또는 비예측적인 발견이 있어야 한다. 게다가 그것을 쉽게, 편안하게 표현해야 진정한 언어예술의 경지에 이르렀다고 할 수 있다.

김경우 시인이 시조에 천착한 기간은 이제 겨우 6, 7년을 넘지 않는다. 그러나 바로 그 영역에 들어서서 열정을 불태우고 있다. 놀라운 일이다.

부디 건강하시고, 오래오래 좋은 작품들을 많이 남기셔서, 시조의 발전에 크게 기여하시기를 간절히 기대한다.